Das große KI-Quizduell

Bist du schlauer als die KI?

Tim Kämpfer

Johannes Lindmüller

Dr. rer. nat. Dierk Fricke

© 2024 Tim Kämpfer, Johannes Lindmüller, Dr. rer. nat. Dierk Fricke

Das Werk ist urheberrechtlich geschützt. Jede Verwertung bedarf der ausschließlichen Zustimmung des Autors.

Für Fragen und Anregungen

info@avocado-verlag.de

Bibliografische Information der Deutschen Nationalbibliothek:
Die Deutsche Nationalbibliothek verzeichnet diese Publikation in der Deutschen Nationalbibliografie; detaillierte bibliografische Daten sind im Internet über http://dnb.dnb.de abrufbar.

Originalauflage, 1. Auflage 2024

© 2024 by Avocado Verlag, ein Imprint der Avocado Publisher GmbH, Berlin, Deutschland, www.avocado-verlag.de

Cover: Wolkenart – Marie-Katharina Becker, www.wolkenart.com
Satz: Andreas Garvens

ISBN: 978-3-98813-017-4

Alle Rechte vorbehalten.

Inhalt

Einleitung 4
Fragenkategorie 1: Allgemeine Fragen 6
Auswertung der ersten Fragenkategorie 33
Fragenkategorie 2: Kultur, Geschichte, Geisteswissenschaften . 41
Auswertung der zweiten Fragenkategorie 56
Fragenkategorie 3: Naturwissenschaften und Mathematik 61
Auswertung der dritten Fragenkategorie 77
Gesamtauswertung 83
Anhang 85
Lösungsblätter 90
    Lösungsblatt Fragenkategorie 1 94
    Lösungsblatt Fragenkategorie 2 98
    Lösungsblatt Fragenkategorie 3 100

Einleitung

Willkommen zu „Das große KI-Quizduell"!

In den letzten Jahren hat die Künstliche Intelligenz (KI) enorme Fortschritte gemacht. Sie wird nicht nur immer besser darin, komplexe Probleme zu lösen, sondern auch immer mehr Aufgaben, die einst ausschließlich menschlicher Intelligenz vorbehalten waren, mit beeindruckender Präzision zu bewältigen. Diese Entwicklung wirft eine faszinierende Frage auf: Wann wird die KI besser sein als wir?

Oder ist sie das vielleicht schon?
Dieses Buch lädt dich ein, genau das herauszufinden. Durch ein spannendes Quizduell kannst du dein Wissen in drei verschiedenen Kategorien testen und direkt mit einer fortschrittlichen KI vergleichen.

Bist du schlauer als die KI? Jetzt hast du die Chance, es herauszufinden!

Die Grundlage dieses Tests bildet der MMLU (Massive Multitask Language Understanding), ein umfassender Maßstab für die Sprachverständnisfähigkeiten von KIs mit über 14.000 verschiedenen Fragen. Der MMLU umfasst eine Vielzahl von Aufgaben und Wissensbereichen, die ein breites Spektrum an Fähigkeiten und Wissen abdecken.[1]

Um das Erlebnis aufzulockern und visuell zu bereichern, haben wir einige Fragen mit Bildern versehen. Diese sind im MMLU-Datensatz natürlich nicht enthalten. Bitte beachte, dass diese Bilder von einer künstlichen Intelligenz erstellt wurden und in ihrer Darstellung nicht immer realitätsgetreu oder ernst gemeint sind.[2]

---

[1] Wer mehr über die Grundlagen unseres Tests wissen möchte, kann das entsprechende Kapitel am Ende dieses Buchs lesen. Natürlich haben wir für dieses Buch nur einen kleinen Teil des umfangreichen Fragenkatalogs verwendet und übersetzt.
[2] Zur Erstellung der Bilder haben wir ChatGPT 4o von OpenAI verwendet.

Nun liegt es an dir: Beantworte zunächst die Fragen in den verschiedenen Kategorien. Nach jedem Kapitel wertest du anschließend die von dir beantworteten Fragen aus. Um die Auswertung zu erleichtern, haben wir dem Buch Lösungsblätter beigefügt. Diese kannst du aus dem Buch heraustrennen und deine Antworten beim Bearbeiten der Fragenkategorien in die Lösungsspalte eintragen. Bei der Auswertung vergleichst du dann deine Lösungen mit den Lösungstabellen in den Auswertungskapiteln. So musst du bei der Auswertung weniger blättern. Die Lösungsblätter findest du im Anhang. Du musst nicht alle Fragen einer Kategorie beantworten, um deinen Score im Rahmen der Gesamtauswertung berechnen zu können. Je mehr Fragen du beantwortest, desto genauer wird jedoch das Ergebnis! Nach dem Beantworten aller drei Fragenkategorien kannst du im Gesamtauswertungskapitel deinen Score berechnen und dich mit KI-Modellen vergleichen.

Viel Spaß und Erfolg beim Quizduell gegen die KI!

Finde heraus, ob du der Künstlichen Intelligenz in puncto Wissen überlegen bist – oder ob die Zukunft der Intelligenz vielleicht schon begonnen hat.

Viel Vergnügen und auf ein spannendes Duell!

Fragenkategorie 1:
Allgemeine Fragen

Willkommen zur ersten Kategorie unseres großen KI-Quizduells: Allgemeine Fragen. In dieser Kategorie erwarten dich Fragen zu unterschiedlichen Themenbereichen, die dein Allgemeinwissen testen. Von Geographie über Musik bis hin zu Wissenschaft und Kultur – hier kannst du zeigen, wie breit gefächert dein Wissen ist.

Die Fragen wurden sorgfältig ausgewählt, um eine gute Mischung aus leichteren und anspruchsvolleren Fragen zu bieten. Du wirst auf klassische Wissensfragen stoßen, die man vielleicht aus einem Quizabend kennt, und gleichzeitig Fragen, die etwas tiefer ins Detail gehen.

Beantworte jede Frage so gut wie möglich und notiere dir deine Antworten. Im Kapitel „Gesamtauswertung" kannst du dann überprüfen, wie du im Vergleich zur Künstlichen Intelligenz abgeschnitten hast. Bist du bereit? Dann lass uns loslegen und herausfinden, ob du der KI überlegen bist!

Viel Spaß und Erfolg!

Frage 1: Was ist Andromeda?

A) Die nächstgelegene größere Galaxie zur Milchstraße
B) Ein Bakterium, das tödlich sein kann
C) Ein Array von Radioteleskopen
D) Ein Element des Periodensystems

Frage 2: Was ist eine Balalaika?

A) Musikinstrument
B) Russischer Bauer
C) Hutart
D) Haiart

Frage 3: Welche Farbe hat ein Rubin?

A) rot
B) schwarz
C) gelb
D) blau

Frage 4: Was ist ein Dutch Oven?

A) ein Toasterofen
B) eine Mikrowelle
C) ein Topf
D) eine Sauna

Frage 5: Wer komponierte die ‚Mondscheinsonate'?

A) Mozart
B) Händel
C) Bach
D) Beethoven

Frage 6: Welches dieser Tiere ist ein Fisch?

A) Seepferdchen
B) Seekuh
C) Seeschlange
D) Seelöwe

Frage 7: Was für eine Substanz ist ‚Terrakotta'?

A) Metall
B) Keramik
C) Holz
D) Glas

Frage 8: Welches dieser Tiere legt Eier?

A) Kuh
B) Rennmaus
C) Frosch
D) Elefant

Frage 9: Was bedeutet das jiddische Wort ‚meshuga'?

A) verrückt
B) heilig
C) geizig
D) süß

Frage 10: Welche dieser sind keine Hülsenfrüchte?

A) Bohnen
B) Erbsen
C) Radieschen
D) Erdnüsse

Frage 11: Welcher dieser Flüsse fließt durch Frankreich?

A) Wolga
B) Seine
C) Mekong
D) Allegheny

Frage 12: Welche dieser Schlangen ist giftig?

A) Anakonda
B) Boa constrictor
C) Kupferkopf
D) Python

Frage 13: Welches der nachfolgenden ist ein Virus?

A) Staphylokokken
B) Leukämie
C) Skoliose
D) Windpocken

Frage 14: Welches dieser Wörter bedeutet ‚ja' auf Französisch?

A) qui
B) oui
C) ja
D) okey-dokey

Frage 15: Welches dieser Tiere ist ein Nagetier?

A) Fledermaus
B) Vielfraß
C) Biber
D) Koala

Frage 16: Wofür benutzt man ein Wah-Wah-Pedal?

A) Fahrrad
B) Rennwagen
C) E-Gitarre
D) Baby

Frage 17: Wie viele Seiten hat ein Rhombus?

A) 4
B) 6
C) 8
D) 10

Frage 18: Wie sieht ein Dalmatiner-Welpe bei der Geburt aus?

A) Schwarz
B) schwarz mit weißen Flecken
C) weiß
D) weiß mit schwarzen Flecken

Frage 19: Backgammon ist ein Spiel für wie viele Spieler?

A) Zwei
B) Drei
C) Vier
D) Sechs

Frage 20: In welchem Wald lebte Robin Hood?

A) Schwarzwald
B) Petrified Forest
C) Nottingham Forest
D) Sherwood Forest

Frage 21: Eine Pita ist eine Art von was?

A) Frisches Obst
B) Fladenbrot
C) Französische Tarte
D) Gebratener Bohnen-Dip

Frage 22: Was bedeutet es, ‚pro bono' zu arbeiten?

A) Überstunden machen
B) ohne Bezahlung arbeiten
C) selbstständig sein
D) gar nicht arbeiten

Frage 23: Was für ein Tier ist ein Wanderfalke?

A) Elch
B) Katze
C) Vogel
D) Fisch

Frage 24: Was sind die höchsten Bäume der Erde?

A) Küstenmammutbaum
B) Küsten-Douglasie
C) Riesenmammutbaum
D) Sitka-Fichte

Frage 25: Welches Tier wird zur Herstellung von Schmalz verwendet?

A) Schwein
B) Kuh
C) Schlange
D) Huhn

Frage 26: Wofür steht das Akronym ‚REM'?

A) random energy module
B) rapid eye movement
C) red entertainment machine
D) really energetic music

Frage 27: Welches dieser ist kein Gewürz?

A) Dill
B) Anis
C) Gurke
D) Cayenne

Frage 28: Was ist die ungefähre Lichtgeschwindigkeit?

A) 165 Meilen pro Stunde
B) 122.000 Meilen pro Stunde
C) 186.000 Meilen pro Sekunde
D) 293.000 Meilen pro Sekunde

Frage 29: Welches Tier gilt in Indien als heilig?

A) Schaf
B) Kuh
C) Huhn
D) Hund

Frage 30: Wie nennt man ein junges Rind?

A) Stute
B) Lamm
C) Zicklein
D) Kalb

Frage 31: Welche Farbe hat die Haarfarbe der Cartoonfigur Marge Simpson?

A) gelb
B) lila
C) blau
D) braun

Frage 32: Ampere sind eine Maßeinheit wofür?

A) elektrische Ladung
B) elektrischer Strom
C) elektrische Feldstärke
D) elektrisches Potential

Frage 33: Was ist die Amtssprache der Niederlande?

A) Dänisch
B) Schwedisch
C) Deutsch
D) Niederländisch

Frage 34: Welche der folgenden Listen enthält nur Mineralien?

A) Granit, Gabbro, Diorit, Quarz, Feldspat
B) Gold, Quarz, Topas, Diamant, Korund
C) Gneis, Schiefer, Phyllit, Chlorit, Glimmer
D) Kohle, Feuerstein, Kalkstein, Dolomit, Steinsalz

Frage 35: Welches dieser Lebensmittel ist für Hunde giftig?

A) Erdnussbutter
B) Bananen
C) Schokolade
D) Oliven

Frage 36: Welches dieser beliebten Spiele beruht auf Bluffen?

A) Outburst
B) Balderdash
C) Pictionary
D) Scattergories

Frage 37: Welches dieser Länder liegt nicht in Europa?

A) Italien
B) Spanien
C) Griechenland
D) Israel

Frage 38: Die Black Box eines Flugzeugs ist normalerweise welche Farbe?

A) schwarz
B) weiß
C) orange
D) lila

Frage 39: Wie nennt man die Kunst der eleganten Handschrift?

A) Kalligraphie
B) Gravur
C) Decoupage
D) Lithographie

Frage 40: Wofür steht das ‚ROM' in CD-ROM?

A) Really Obscure Memory
B) Run-Other Memory
C) Random Object Memory
D) Read-Only Memory

Frage 41: Wie wird die arabische Zahl für ‚2' geschrieben?

A) 2
B) II
C) I
D) ii

Frage 42: Wie viele Tasten hat ein Standard-Klavier?

A) 20
B) 54
C) 88
D) 100

Frage 43: Welcher ist der Geburtsstein für den Monat Januar?

A) Topas
B) Granat
C) Opal
D) Diamant

Frage 44: Wie nennt man den farbigen Teil des Auges?

A) Iris
B) Pupille
C) Netzhaut
D) Cochlea

Frage 45: Wer war der am längsten regierende Monarch in der französischen Geschichte?

A) Ludwig XIII
B) Ludwig XIV
C) Ludwig XV
D) Ludwig XVI

Frage 46: Welcher ist der größte Mond im Sonnensystem?

A) Ganymed
B) Der Erdmond
C) Pluto
D) Europa

Frage 47: Welches dieser Spiele wird nicht mit Karten gespielt?

A) Baccarat
B) Rummy
C) Craps
D) Solitaire

Frage 48: Wie heißt in der griechischen Mythologie der Vater von Zeus?

A) Apollo
B) Kronos
C) Prometheus
D) Herkules

Frage 49: Welche dieser ist keine Chili-Sorte?

A) Habanero
B) Cheyenne
C) Jalapeno
D) Guajillo

Frage 50: Welcher der folgenden Komponenten ist sowohl in pneumatischen als auch in hydraulischen Systemen vorhanden?

A) Auspuff
B) Reservoir
C) Kompressor
D) Steuerventil

Frage 51: Wie viel Grünkohl wäre nötig, um genug Kalorien für eine Person für ein ganzes Jahr zu liefern?

A) 210^3 kg/Jahr
B) 210^4 kg/Jahr
C) 210^5 kg/Jahr
D) 210^6 kg/Jahr

Frage 52: Welcher Wert ist die vernünftigste Schätzung des Volumens an Luft, das ein Erwachsener an einem Tag einatmet?

A) 100 Liter
B) 1.000 Liter
C) 10.000 Liter
D) 100.000 Liter

Frage 53: In welcher Art von Geometrie ist die Summe der Innenwinkel eines Dreiecks genau 180 Grad?

A) elliptisch
B) euklidisch
C) hyperbolisch
D) linear

Frage 54: Wenn ein Hertz einem Zyklus pro Sekunde entspricht, wie viele Zyklen pro Sekunde entspricht ein Megahertz?

A) -328716
B) 1000
C) 1000000
D) 1000000000

Frage 55: Welcher biologische Prozess repliziert DNA?

A) Häutung
B) Mitose
C) Diffusion
D) Peristaltik

Frage 56: Welche Nationalität hatte Karl Marx?

A) Russisch
B) Deutsch
C) Dänisch
D) Englisch

Frage 57: Wo wurde das Huhn zuerst domestiziert?

A) Frankreich
B) Indien
C) Peru
D) Zaire

Frage 58: Welches davon ist KEIN Mineral?

A) Quarz
B) Lithium
C) Diamant
D) Kalkspat

Frage 59: Welches davon ist kein Schuhstil?

A) Gingham
B) Brogan
C) Espadrille
D) Docksider

Frage 60: Welches dieser Malwerkzeuge hat Borsten?

A) Staffelei
B) Messer
C) Pinsel
D) Palette

Frage 61: Welches dieser Lebensmittel könnte man im Meer fangen?

A) Schalotte
B) Stollen
C) Jakobsmuschel
D) Scone

Frage 62: Welches dieser Geräusche wird häufig mit Eulen in Verbindung gebracht?

A) Zwitschern
B) Bellen
C) Knurren
D) Huh

Frage 63: Welche der folgenden Süßigkeiten ist traditionell fruchtig?

A) M&M's
B) Skittles
C) Reese's Pieces
D) Junior Mints

Frage 64: Wie heißen die drei Neffen von Donald Duck?

A) Tick Trick Track
B) Alvin Simon Theodore
C) Robbie Chip Ernie
D) Huey Dewey Louie

Frage 65: Der Sport Judo stammt aus welchem asiatischen Land?

A) Japan
B) Vietnam
C) Laos
D) Philippinen

Frage 66: Wer war die Mutter des griechischen Gottes Zeus?

A) Gaia
B) Phoebe
C) Rhea
D) Hera

Frage 67: In welchem dieser Filme spielt Jim Carrey nicht mit?

A) Patch Adams
B) Die Truman Show
C) Dumm und Dümmer
D) Die Maske

Frage 68: Welches dieser Mittel wird häufig zur Behandlung von Allergien verwendet?

A) Antimaterie
B) Antikoagulanzien
C) Antiseptika
D) Antihistaminika

Frage 69: Welcher dieser Knochen befindet sich im Handgelenk?

A) Patella
B) Humerus
C) Handwurzelknochen
D) Steißbein

Frage 70: An welchem Körperteil sollte man ein Babuschka tragen?

A) Kopf
B) Hände
C) Fuß
D) Beine

Frage 71: Wie viele Rippen hat der menschliche Körper?

A) 18
B) 24
C) 30
D) 42

Frage 72: In welchem Sport gibt es „Stahlkäfig"-Matches?

A) Boxen
B) Fechten
C) Profi-Wrestling
D) College-Basketball

Frage 73: Moderne Computermikrochips bestehen hauptsächlich aus welchem Element?

A) Natrium
B) Silizium
C) Aluminium
D) Silber

Frage 74: Welche der folgenden Aussagen über ein Monopol ist wahr?

A) Es konkurriert mit vielen Firmen, die dasselbe Produkt auf dem Markt verkaufen.
B) Es muss seinen Preis auf alle Einheiten senken, um mehr Output zu verkaufen.
C) Sein Grenzerlös steigt mit dem verkauften Output.
D) Es setzt einen Preis unter den durchschnittlichen variablen Kosten, um seine Wettbewerber aus dem Markt zu drängen.

Frage 75: Was ist der richtige nautische Einsatz eines Ankers?

A) um große Fische zu fangen
B) um die Wassertiefe zu berechnen
C) um ein Schiff an Ort und Stelle zu halten
D) um andere Boote zu beschädigen

Frage 76: Wie viele Wassermoleküle befinden sich in einem menschlichen Kopf?

A) 810^21
B) 810^23
C) 810^25
D) 810^27

Frage 77: Wie hieß das erste atomgetriebene U-Boot?

A) Nautilus
B) Neptun
C) Nordenfelt III
D) Nicholas

Frage 78: Was ist der letzte Buchstabe des griechischen Alphabets?

A) Omikron
B) Omega
C) Ypsilon
D) Zeta

Frage 79: Welcher Komponist war berühmt für das Schreiben von etwa 600 Liedern?

A) Schubert
B) Beethoven
C) Liszt
D) Mozart

Frage 80: Welches dieser Tiere ist keine Primatenart?

A) Pavian
B) Murmeltier
C) Orang-Utan
D) Schimpanse

Frage 81: Welcher Tee ist für seinen charakteristischen Bergamotte-Geschmack bekannt?

A) Earl Grey
B) Darjeeling
C) English Breakfast
D) Prince of Wales

Frage 82: Welche der folgenden ist eine erneuerbare Energiequelle?

A) Holz
B) Öl
C) Erdgas
D) Kohle

Frage 83: Welches dieser Gerichte ist kein traditionelles griechisches Gericht?

A) Sukiyaki
B) Souvlaki
C) Moussaka
D) Finikia

Frage 84: Welches Trainingsgerät wird während einer ‚Spinning'-Session verwendet?

A) Heimtrainer
B) Laufband
C) Rudergerät
D) Hanteln

Frage 85: Welche dieser Katzenrassen ist keine Rasse?

A) Perser
B) Türkisch Angora
C) Bichon Frise
D) Maine Coon

Frage 86: Wo wurden Feuerwerkskörper erstmals entwickelt?

A) Italien
B) China
C) Großbritannien
D) Griechenland

Frage 87: Von wem hat die lutherische Kirche ihren Namen?

A) Martin Luther King Jr.
B) Martin Luther
C) Luther Vandross
D) Lex Luthor

Frage 88: In welchem Sport kämpfen Athleten um den Walker Cup?

A) Cricket
B) Tennis
C) Squash
D) Golf

Frage 89: Was ist das größte Tier, das jemals auf der Erde gelebt hat?

A) Blauwal
B) Riesenkalmar
C) Wollmammut
D) Tyrannosaurus

Frage 90: Welches dieser Vitamine wurde als erstes benannt?

A) Vitamin A
B) Vitamin B12
C) Vitamin E
D) Vitameatavegamin

Frage 91: Auf welchem Kontinent kann man Tiger in freier Wildbahn finden?

A) Afrika
B) Asien
C) Europa
D) Südamerika

Frage 92: Welches dieser Haustiere sollte gegen Parvovirus geimpft werden?

A) Hamster
B) Katze
C) Hund
D) Vogel

Frage 93: Die Absicht, traditionelle, verkaufbare Kunstobjekte zu schaffen, wurde von

A) Impressionisten
B) Pop-Künstlern
C) Abstrakten Expressionisten
D) Konzeptkünstlern

Frage 94: Wenn ein Gas zu einer Flüssigkeit wird, nennt man den Prozess

A) Kondensation
B) Verdampfung
C) Deposition
D) Sublimation

Frage 95: Welche dieser Personen lebte nicht im 20. Jahrhundert?

A) Mark Twain
B) Thomas Edison
C) Sigmund Freud
D) Ulysses S. Grant

Frage 96: Ein Porträt, das die körperlichen Merkmale einer Person komisch übertreibt, nennt man

A) Landschaft
B) Karikatur
C) Stillleben
D) Impressionismus

Frage 97: Wie heißt der Berg, auf dem die mythologischen griechischen Götter leben?

A) Jupiter
B) Olymp
C) Vesuv
D) Walhalla

Frage 98: Welche französische Stadt ist jeden Frühling Gastgeber eines berühmten internationalen Filmfestivals?

A) Cannes
B) Marseille
C) Dijon
D) Lyon

Frage 99: Welche Farbe wird nicht als eine der Primärfarben des Lichts angesehen?

A) rot
B) gelb
C) grün
D) blau

Frage 100: Der Verlust von Wasser in Form von Dampf aus Pflanzen wird bezeichnet als

A) Transpiration
B) Atmung
C) Oxidation
D) Kondensation

Auswertung
der ersten Fragenkategorie

Nun geht es an die Auswertung der ersten Fragenkategorie! Setze in der Ergebnisspalte ein Häkchen (√) für jede richtig beantwortete Frage und ein Kreuz (×) für jede falsch beantwortete Frage. Zähle anschließend die Anzahl der richtigen Antworten sowie die Gesamtzahl der gestellten Fragen. Trage diese Werte in die entsprechende Tabelle im Gesamtauswertungskapitel ein (Seite 83).

Nr.	Frage (Kurz)	Lösung	Ergebnis
1	Andromeda	A) Die nächstgelegene größere Galaxie zur Milchstraße	
2	Balalaika	A) Musikinstrument	
3	Rubin Farbe	A) rot	
4	Dutch Oven	C) ein Kessel	
5	Mondscheinsonate Komponist	D) Beethoven	
6	Fisch	A) Seepferdchen	
7	Terrakotta Substanz	B) Keramik	
8	Eierlegend Tier	C) Frosch	
9	Meshuga Bedeutung	A) verrückt	
10	Keine Hülsenfrüchte	C) Radieschen	
11	Fluss in Frankreich	B) Seine	
12	Giftige Schlange	C) Kupferkopf	
13	Virus	D) Windpocken	
14	‚Ja' auf Französisch	B) oui	
15	Nagetier	C) Biber	
16	Wah-Wah-Pedal	C) E-Gitarre	

17	Rhombus Seiten	A) 4	
18	Dalmatiner-Welpe bei Geburt	C) weiß	
19	Backgammon Spielerzahl	A) Zwei	
20	Robin Hood Wald	D) Sherwood Forest	
21	Pita Art	B) Fladenbrot	
22	Pro bono Bedeutung	B) ohne Bezahlung arbeiten	
23	Wanderfalke Tier	C) Vogel	
24	Höchste Bäume	A) Küstenmammutbaum	
25	Schmalz Tier	A) Schwein	
26	REM Akronym	B) rapid eye movement	
27	Kein Gewürz	C) Gurke	
28	Lichtgeschwindigkeit	C) 186.000 Meilen pro Sekunde	
29	Heiliges Tier Indien	B) Kuh	
30	Junges Rind	D) Kalb	
31	Marge Simpson Haarfarbe	C) blau	
32	Ampere Maßeinheit	B) elektrischer Strom	

33	Amtssprache Niederlande	D) Niederländisch	
34	Liste mit Mineralien	B) Gold, Quarz, Topas, Diamant, Korund	
35	Giftiges Lebensmittel für Hunde	C) Schokolade	
36	Spiel mit Bluffen	B) Balderdash	
37	Land nicht in Europa	D) Israel	
38	Black Box Farbe	C) orange	
39	Elegante Handschrift	A) Kalligraphie	
40	ROM in CD-ROM	D) Read-Only Memory	
41	Arabische Zahl für 2	A) 2	
42	Klavier Tastenanzahl	C) 88	
43	Geburtsstein Januar	B) Granat	
44	Farbiger Teil Auge	A) Iris	
45	Längst regierender Monarch Frankreich	B) Ludwig XIV	
46	Größter Mond	A) Ganymed	
47	Kein Kartenspiel	C) Craps	

48	Vater von Zeus	B) Kronos	
49	Keine Chili-Sorte	B) Cheyenne	
50	Pneumatik/Hydraulik Komponente	D) Steuerventil	
51	Grünkohl für Jahreskalorien	A) 210^3 kg/Jahr	
52	Tagesvolumen Luft	C) 10.000 Liter	
53	Geometrie mit 180°-Dreiecken	B) euklidisch	
54	Megahertz Zyklen pro Sekunde	C) 1000000	
55	Replikation DNA	B) Mitose	
56	Nationalität Karl Marx	B) Deutsch	
57	Huhn domestiziert	B) Indien	
58	Kein Mineral	B) Lithium	
59	Kein Schuhstil	A) Gingham	
60	Malwerkzeug mit Borsten	C) Pinsel	
61	Lebensmittel im Meer	C) Jakobsmuschel	
62	Geräusche Eulen	D) Huh	

63	Fruchtige Süßigkeit	B) Skittles	
64	Donald Ducks Neffen	D) Huey Dewey Louie	
65	Herkunftsland Judo	A) Japan	
66	Mutter von Zeus	C) Rhea	
67	Kein Jim Carrey Film	A) Patch Adams	
68	Mittel gegen Allergien	D) Antihistaminika	
69	Knochen im Handgelenk	C) Handwurzelknochen	
70	Babuschka Körperteil	A) Kopf	
71	Anzahl Rippen	B) 24	
72	Sport Stahlkäfig	C) Profi-Wrestling	
73	Element Mikrochips	B) Silizium	
74	Monopol	B) Es muss seinen Preis auf alle Einheiten senken, um mehr Output zu verkaufen.	
75	Nautische Verwendung Anker	C) um ein Schiff an Ort und Stelle zu halten	
76	Wassermoleküle im Kopf	C) 810^{25}	

77	Erstes atomgetriebenes U-Boot	A) Nautilus	
78	Letzter Buchstabe griechisch	B) Omega	
79	Komponist 600 Lieder	A) Schubert	
80	Kein Primat	B) Murmeltier	
81	Tee Bergamotte-Geschmack	A) Earl Grey	
82	Erneuerbare Energiequelle	A) Holz	
83	Kein griechisches Gericht	A) Sukiyaki	
84	Spinning Trainingsgerät	A) Heimtrainer	
85	Keine Katzenrasse	C) Bichon Frise	
86	Ursprung Feuerwerkskörper	B) China	
87	Namensgeber lutherische Kirche	B) Martin Luther	
88	Walker Cup Sport	D) Golf	
89	Größtes Tier	A) Blauwal	
90	Erstes benanntes Vitamin	A) Vitamin A	
91	Tiger in freier Wildbahn	B) Asien	

92	Impfung gegen Parvovirus	C) Hund	
93	Verzicht auf traditionelle Kunst	D) Konzeptkünstlern	
94	Gas zu Flüssigkeit	A) Kondensation	
95	Nicht im 20. Jahrhundert	D) Ulysses S. Grant	
96	Komisches Porträt	B) Karikatur	
97	Berg der griechischen Götter	B) Olymp	
98	Französische Filmfestival Stadt	A) Cannes	
99	Nicht primäre Lichtfarbe	B) gelb	
100	Wasserverlust aus Pflanzen	A) Transpiration	

Fragenkategorie 2: Kultur, Geschichte, Geisteswissenschaften

Willkommen zur zweiten Kategorie unseres großen KI-Quizduells: Kultur, Geschichte und Geisteswissenschaften. In dieser Kategorie werden dein Wissen und dein Verständnis in Bereichen wie Soziologie, Geschichte, Philosophie, Kunst und Religion auf die Probe gestellt. Diese Fragen sind dazu da, um zu sehen, wie gut du die menschliche Kultur und Geschichte sowie deren tiefere Bedeutungen und Zusammenhänge verstehst.

Von den Ursprüngen menschlicher Zivilisationen und bedeutenden historischen Ereignissen bis hin zu den feinen Nuancen sozialer Strukturen und künstlerischer Ausdrucksformen – diese Fragen decken eine breite Palette ab und bieten dir die Gelegenheit, dein Wissen in diesen Bereichen zu testen.

Notiere dir auch hier deine Antworten und vergleiche sie später mit den Lösungen im Kapitel „Gesamtauswertung".

Bist du bereit, in die Tiefen der menschlichen Kultur und Geschichte einzutauchen und zu zeigen, was du weißt?

Viel Erfolg und viel Spaß bei dieser spannenden Herausforderung!

Frage 1: Soziale Normen sind

A) kreative Aktivitäten wie Gärtnern, Kochen und Handarbeiten
B) die symbolische Darstellung sozialer Gruppen in den Massenmedien
C) religiöse Überzeugungen darüber, wie die Welt sein sollte
D) Regeln und Erwartungen, die das soziale Leben regulieren

Frage 2: Homo erectus war

A) eine stabile, langlebige Spezies.
B) eine erfolglose, kurzlebige Spezies.
C) der erste Hominide, der Steinwerkzeuge herstellte und benutzte.
D) der erste Hominide, der „aufrecht" stand und aufrecht ging.

Frage 3: Was ist Dualismus?

A) Dualismus legt nahe, dass internationales und nationales Recht Teil eines einheitlichen Rechtssystems sind
B) Unter Dualismus bestehen internationales und nationales Recht aus verschiedenen Rechtssystemen
C) Dualismus legt nahe, dass internationales und nationales Recht verschieden, aber gleichwertig in der Hierarchie sind
D) Dualismus legt nahe, dass internationales und nationales Recht verschiedene Rechtssysteme sind, wobei das nationale Recht immer Vorrang hat

Frage 4: Da Vincis Mona Lisa ist_____.

A) gegenständlich
B) abstrakt
C) obskur
D) nicht gegenständlich

Frage 5: Eine Sekte ist organisiert um:

A) Überzeugungen, die von Mitgliedern in Frage gestellt werden können, ein charismatischer Führer und Offenheit für neue Mitglieder
B) Toleranz gegenüber anderen Religionen und Trennung von Kirche und Staat
C) freiwillige Mitgliedschaft, demokratische Führung und hohe emotionale Bindung
D) die Vorstellung der säkularen Welt selbst als heilig

Frage 6: Die meisten Höhlen mit Malereien sind

A) teuer zu besuchen.
B) tief unter der Erde vergraben.
C) in Frankreich zu finden.
D) für Besucher wegen Licht- und Feuchtigkeitsschäden geschlossen.

Frage 7: Das ägyptische System der Hieroglyphen

A) benutzte keine Piktogramme
B) scheint sich plötzlich entwickelt zu haben
C) war die früheste Form der Schrift in der Welt
D) alles oben genannte

Frage 8: Was war der Marshallplan?

A) Ein Plan zur Unterstützung des wirtschaftlichen Wiederaufbaus Europas
B) Ein Versuch, die potenzielle Attraktivität des sowjetischen Systems für Europäer zu verringern
C) Ein Hilfsprogramm, das den US-Einfluss in Europa verankerte
D) Alles oben genannte

Frage 9: Archäologie ist ein Teilgebiet der

A) biologischen Anthropologie.
B) Anthropologie.
C) kulturellen Anthropologie.
D) Paläoanthropologie.

Frage 10: Pompeji war ungewöhnlich gut erhalten, weil

A) die Schicht aus vulkanischem Bimsstein eine Versiegelung über den Überresten bildete.
B) Lawinen die Überreste ins Meer schoben und Meerwasser Dinge konserviert.
C) giftige vulkanische Gase Menschen sofort töteten.
D) die Römer die Opfer mit Salz aus dem Meerwasser einbalsamierten.

Frage 11: Eine ‚offene' Gesellschaft ist eine, die

A) jedem Mitglied den gleichen Status gewährt
B) keine offiziellen Geheimnisse in ihrer Regierung hat
C) eine permissive Haltung gegenüber sexuellem Verhalten hat
D) Menschen erlaubt, zwischen den Ebenen der Hierarchie zu wechseln

Frage 12: Die Mafia ist ein Beispiel für

A) Wirtschaftskriminalität
B) organisierte Kriminalität
C) nicht-kriminelle Abweichung
D) globalen Terrorismus

Frage 13: Was trägt zur Komplexität von Gesellschaften bei?

A) Überschüssige Nahrung wird in großen, kollektiven Einrichtungen gelagert.
B) Bewässerung von Pflanzen erfordert den Bau von Dämmen oder Kanälen.
C) Sesshafte Gemeinschaften müssen sich verteidigen.
D) Alles oben genannte.

Frage 14: Wirtschaftskriminalität ist wenig sichtbar, weil

A) es nur um kleine Geldbeträge geht
B) das Proletariat die Bourgeoisie überlisten kann
C) die Polizei bei Wirtschaftskriminalität ein Auge zudrückt
D) sie im Kontext alltäglicher Geschäftstransaktionen unentdeckt bleibt

Frage 15: Welcher Kontinent hat die höchsten Fertilitätsraten?

A) Afrika
B) Asien
C) Südamerika
D) Europa

Frage 16: Die Weltsystemtheorie teilt die Welt in

A) Kern, Peripherie und Semiperipherie.
B) reich und arm.
C) entwickelt und unterentwickelt.
D) Habende und Nichthabende.

Frage 17: Welches Paar von Religionen sind beide Universalreligionen?

A) Islam und Judentum
B) Judentum und Buddhismus
C) Hinduismus und Buddhismus
D) Christentum und Buddhismus

Frage 18: Was ist die Hauptreligion, die in Europa praktiziert wird?

A) Christentum
B) Islam
C) Hinduismus
D) Animismus

Frage 19: Die beste Definition eines städtischen Gebiets ist

A) die zentrale Stadt und ihre entwickelten Gebiete.
B) die zentrale Stadt und ihre umliegenden Vororte.
C) die zentrale Stadt und ihr Hinterland.
D) die zentrale Stadt und die angrenzenden Landkreise.

Frage 20: Homo erectus unterschied sich von Homo habilis in welcher Weise?

A) Erectus-Fossilien wurden nur in Afrika gefunden.
B) Erectus hatte ein kleineres Gehirn.
C) Erectus hatte ein größeres Gehirn.
D) Erectus war eine relativ kurzlebige Spezies.

Frage 21: Welche Sprachfamilie umfasst Italienisch, Spanisch,   Portugiesisch und Rumänisch?

A) Europäisch
B) Slawisch
C) Germanisch
D) Romanisch

Frage 22: Eine starke Bewegung weg von allen Religionen wird genannt

A) Säkularismus.
B) Heidentum.
C) Sakrileg.
D) Nationalismus.

Frage 23: Von welchem der folgenden Primaten stammen Menschen ab?

A) Schimpansen
B) Gorillas
C) Orang-Utans
D) keiner der oben genannten

Frage 24: Die industrielle Produktion im 19. Jahrhundert war gekennzeichnet durch

A) zunehmende Anzahl von Frauen in hochrangigen Positionen
B) Heimarbeit und Heimarbeiter, die Stückarbeit im häuslichen Bereich verrichten
C) die „Management-Revolution", bei der Eigentum und Kontrolle getrennt wurden
D) kraftbetriebene Maschinen und die Konzentration von Arbeitern in großen Arbeitsstätten

Frage 25: Die Sprache mit der größten Anzahl an „Sprechern" ist

A) Englisch.
B) Russisch.
C) Spanisch.
D) Mandarin-Chinesisch.

Frage 26: Das am schnellsten urbanisierende Gebiet der Welt ist

A) Europa
B) Ostasien
C) Subsahara-Afrika
D) Südasien

Frage 27: In welchem Land gibt es die meisten baskisch sprechenden Menschen?

A) Dänemark
B) Finnland
C) Luxemburg
D) Spanien

Frage 28: Das heilige Buch der Hindus heißt

A) Talmud.
B) Bibel.
C) Tora.
D) Veda.

Frage 29: Machu Picchu wurde in den Bergen bezeichnet als

A) Verteidigungsfestung.
B) Schrein für den Inkaregen-Gott.
C) entspannender Rückzugsort für Eliten.
D) astronomisches Observatorium.

Frage 30: Der Zweck der Gründung der NATO war

A) Nordamerika und Westeuropa gegen die Bedrohung durch den Kommunismus zu verteidigen.
B) eine Wirtschaftsallianz für den Handel zwischen Europa und Nordamerika zu bilden.
C) Europa gegen eine zweite Nazi-Invasion zu verteidigen.
D) Nordeuropa gegen chinesische Raketen zu verteidigen.

Frage 31: Eine Isobarenkarte zeigt Linien gleichen

A) Luftdrucks
B) Oberflächentemperatur
C) Höhe
D) Niederschlag

Frage 32: Welche der folgenden ist kein Merkmal der Globalisierung?

A) ein zunehmendes Bewusstsein für die Welt als Ganzes
B) die erweiterte Macht der Nationalstaaten
C) die Zerstörung der Entfernung durch Kommunikationstechnologien
D) die Ausdehnung der sozialen Beziehungen über nationale Grenzen hinaus

Frage 33: Die Entfernung nördlich und südlich des Äquators ist der/das

A) globale Gittersystem.
B) Nullmeridian
C) Breitengrad.
D) Längengrad.

Frage 34: Die Europäische Union (EU) ersetzte welche der folgenden Organisationen?

A) NATO
B) EWG
C) UNO
D) ASEAN

Frage 35: Für welche der folgenden gibt es Beweise bei Neandertalern?

A) Neandertaler schmückten sich mit Anhängern und Halsketten.
B) Neandertaler begruben ihre Toten.
C) Neandertaler produzierten und benutzten komplexe Steinwerkzeuge.
D) Alles oben genannte.

Frage 36: Welche der folgenden Aussagen über die ersten Affen ist wahr?

A) Es gab weit mehr Gattungen als heute.
B) Sie blühten in einem größeren Gebiet der Welt als die heutigen Affen.
C) Einige alte Arten waren größer als die heutigen Affen.
D) Alles oben genannte.

Frage 37: Die Ureinwohner der Nordwestküste Nordamerikas waren

A) Maisbauern.
B) einfache Sammler.
C) wohlhabende Sammler.
D) von den Azteken erobert.

Frage 38: In welcher Weise waren Neandertaler physisch anders als moderne Homo sapiens?

A) Neandertaler hatten breite, gedrungene Körper und kurze Extremitäten.
B) Neandertaler hatten kleinere Gehirne und größere Nasen.
C) Neandertaler-Skelette haben mehr Knochen als moderne Homo sapiens.
D) Sowohl a als auch b.

Frage 39: In seltenen Fällen kann der Rückstand von Blut auf alten Steinwerkzeugen

A) Archäologen daran hindern, ihre Forschung zu betreiben, da nur forensische Anthropologen blutige Werkzeuge untersuchen dürfen.
B) zur Identifizierung der getöteten und wahrscheinlich gegessenen Tierarten verwendet werden.
C) zur Vorhersage der Waffenarten verwendet werden, die nicht zur Jagd verwendet wurden.
D) keines der oben genannten; Blut konserviert nicht und wurde nie auf Steinwerkzeugen identifiziert.

Frage 40: Archäologische Beweise für die Domestizierung von Katzen deuten darauf hin, dass sie wann und warum auftrat?

A) vor 22.000 Jahren, als Folge des Übergangs von opportunistischer Futtersuche zu logistischem Sammeln
B) vor 11.000 Jahren, als direkte Folge der künstlichen Selektion
C) nach 11.000 Jahren, als unbeabsichtigte Folge der Nahrungsproduktion und Lagerung
D) nach 9.000 Jahren, als unbeabsichtigte Folge der Domestizierung von Rindern und der Produktion von Milch und Käse

Frage 41: Was beschreibt Stonehenge am besten?

A) Megalithisches Denkmal
B) Halafisches monumentales Zentrum
C) Chavin-Ritualdenkmal
D) Mesopotamisches Denkmal

Frage 42: Das Gesicht von Homo erectus war mehr _____ als moderne Menschen, aber weniger als Homo habilis.

A) altricial
B) haarig
C) occipital
D) prognath

Frage 43: Religiöse Organisationen wie die Kirche von Norwegen, der Islam, die Kirche von England und die Kirche von Griechenland haben welche der folgenden Gemeinsamkeiten?

A) Sie sind Kulturen sowie Kirchen.
B) Sie praktizieren die Trennung von Kirche und Staat.
C) Sie schließen Frauen als Klerus aus.
D) Sie sind monotheistisch.

Frage 44: Was ist das Proletariat?

A) die Obdachlosen
B) die Königlichen
C) die Oberschicht
D) die Arbeiterklasse

Frage 45: Wo befindet sich das Louvre-Museum?

A) Paris
B) Lyon
C) Genf
D) Vichy

Frage 46: Wie alt ist die Erde ungefähr?

A) 50.000 Jahre
B) 300 Millionen Jahre
C) 4,5 Milliarden Jahre
D) niemand weiß es

Frage 47: Wer oder was war Big Bertha?

A) ein Komet
B) eine Kanone aus dem Ersten Weltkrieg
C) ein Wrestling-Champion
D) eine riesige Muppet

Frage 48: Die Erwerbsbevölkerung besteht hauptsächlich aus

A) beschäftigten Arbeitern unter 16 Jahren
B) Personen, die als arbeitslos oder beschäftigt eingestuft sind
C) Personen, die als Vollzeitbeschäftigte arbeiten
D) Arbeitslose, Beschäftigte und entmutigte Arbeiter

Frage 49: Was ist die Hauptstadt von Neuseeland?

A) Sydney
B) Wellington
C) Auckland
D) Melbourne

Frage 50: Welche der folgenden Definitionen beschreibt am besten den Föderalismus?

A) Eine Regierung, in der der politische Führer auch der religiöse Führer ist
B) Die Konzentration der Regierungsgewalt in den Händen einer kleinen Gruppe von Menschen
C) Die Aufteilung der nationalen Macht in verschiedene Regierungszweige
D) Die Aufteilung der Macht eines Landes in nationale und subnationale Einheiten

Auswertung der zweiten Fragenkategorie

Es ist Zeit für die Auswertung der zweiten Fragenkategorie! Markiere in der Ergebnisspalte alle richtig beantworteten Fragen mit einem Häkchen (√) und alle falsch beantworteten Fragen mit einem Kreuz (×). Zähle dann die richtigen Antworten und die Gesamtzahl der von dir beantworteten Fragen. Diese Werte kannst du bereits in die entsprechende Tabelle im Gesamtauswertungskapitel eintragen (Seite 83).

Nr.	Frage (Kurz)	Lösung	Ergebnis
1	Soziale Normen	D) Regeln und Erwartungen, die das soziale Leben regulieren	
2	Homo erectus	A) eine stabile, langlebige Spezies.	
3	Dualismus	B) Unter Dualismus bestehen internationales und nationales Recht aus verschiedenen Rechtssystemen	
4	Mona Lisa	A) gegenständlich	
5	Sekte	C) freiwillige Mitgliedschaft, demokratische Führung und hohe emotionale Bindung	
6	Höhlenmalereien	D) für Besucher wegen Licht- und Feuchtigkeitsschäden geschlossen.	
7	Ägyptische Hieroglyphen	B) scheint sich plötzlich entwickelt zu haben	
8	Marshallplan	D) Alles oben genannte	
9	Archäologie	B) Anthropologie.	
10	Pompeji	A) die Schicht aus vulkanischem Bimsstein eine Versiegelung über den Überresten bildete.	
11	Offene Gesellschaft	D) Menschen erlaubt, zwischen den Ebenen der Hierarchie zu wechseln	

12	Mafia	B) organisierte Kriminalität	
13	Komplexität von Gesellschaften	D) Alles oben genannte.	
14	Wirtschaftskriminalität	D) sie im Kontext alltäglicher Geschäftstransaktionen unentdeckt bleibt	
15	Höchste Fertilitätsraten	A) Afrika	
16	Weltsystemtheorie	A) Kern, Peripherie und Semiperipherie.	
17	Universalreligionen	D) Christentum und Buddhismus	
18	Hauptreligion Europa	A) Christentum	
19	Urbanes Gebiet	B) die zentrale Stadt und ihre umliegenden Vororte.	
20	Unterschied Homo erectus	C) Erectus hatte ein größeres Gehirn.	
21	Sprachfamilie Romanisch	D) Romanisch	
22	Bewegung weg von Religionen	A) Säkularismus.	
23	Abstammung des Menschen	D) keiner der oben genannten	
24	Industrielle Produktion 19. Jhdt	D) kraftbetriebene Maschinen und die Konzentration von Arbeitern in großen Arbeitsstätten	

25	Größte Anzahl Sprecher	D) Mandarin-Chinesisch.	
26	Schnellste Urbanisierung	C) Subsahara-Afrika	
27	Baskisch Sprecher	D) Spanien	
28	Heiliges Buch der Hindus	D) Veda.	
29	Machu Picchu	C) entspannender Rückzugsort für Eliten.	
30	Zweck der NATO	A) Nordamerika und Westeuropa gegen die Bedrohung durch den Kommunismus zu verteidigen.	
31	Isobarenkarte	A) Luftdrucks	
32	Merkmal der Globalisierung	B) die erweiterte Macht der Nationalstaaten	
33	Entfernung zum Äquator	C) Breitengrad.	
34	EU ersetzte	B) EWG	
35	Beweise Neandertaler	D) Alles oben genannte.	
36	Erste Affen	D) Alles oben genannte.	
37	Ureinwohner Nordwestküste NA	C) wohlhabende Sammler.	
38	Physische Unterschiede Neandertaler	A) Neandertaler hatten breite, gedrungene Körper und kurze Extremitäten.	

39	Rückstände Blut Steinwerkzeuge	B) zur Identifizierung der getöteten und wahrscheinlich gegessenen Tierarten verwendet werden.	
40	Domestizierung von Katzen	C) nach 11.000 Jahren, als unbeabsichtigte Folge der Nahrungsproduktion und Lagerung	
41	Stonehenge	A) Megalithisches Denkmal	
42	Gesicht Homo erectus	D) prognath	
43	Religiöse Organisationen	D) Sie sind monotheistisch.	
44	Proletariat	D) die Arbeiterklasse	
45	Louvre-Museum Standort	A) Paris	
46	Erdalter	C) 4,5 Milliarden Jahre	
47	Big Bertha	B) eine Kanone aus dem Ersten Weltkrieg	
48	Erwerbsbevölkerung	B) Personen, die als arbeitslos oder beschäftigt eingestuft sind	
49	Hauptstadt Neuseeland	B) Wellington	
50	Föderalismus Definition	D) Die Aufteilung der Macht eines Landes in nationale und subnationale Einheiten	

Fragenkategorie 3: Naturwissenschaften und Mathematik

Willkommen zur dritten und letzten Kategorie unseres großen KI-Quizduells: Naturwissenschaften und Mathematik. Diese Kategorie testet dein Wissen in den Bereichen Biologie, Chemie, Physik und Mathematik. Hier kannst du deine Fähigkeiten in den Naturwissenschaften unter Beweis stellen und zeigen, wie gut du mathematische Konzepte und wissenschaftliche Prinzipien verstehst.

Die Fragen in dieser Kategorie decken eine Vielzahl von Themen ab – von den Grundlagen der Photosynthese über chemische Reaktionen bis hin zu subatomaren Teilchen und mathematischen Berechnungen. Diese Fragen sind dazu gedacht, sowohl dein theoretisches Wissen als auch deine praktischen Fähigkeiten in diesen Disziplinen zu testen. Notiere dir deine Antworten und überprüfe sie später im Kapitel „Gesamtauswertung", um zu sehen, wie du im Vergleich zur Künstlichen Intelligenz abgeschnitten hast.

Bist du bereit, dich dieser Herausforderung zu stellen und dein naturwissenschaftliches und mathematisches Wissen unter Beweis zu stellen?

Viel Spaß und Erfolg beim Lösen dieser Fragen!

Frage 1: Photosynthese erfordert

A) Glucose, Licht, CO2
B) Licht, CO2, Wasser
C) Wasser, Boden, O2
D) O2, Wasser, Licht

Frage 2: Welche Aussage ist falsch?

A) 3 < 5
B) 5 > 3
C) -5 > -3
D) -3 > -5

Frage 3: Das einfachste Alken hat

A) mindestens zwei Pi-Bindungen
B) mindestens vier Sigma-Bindungen
C) eine tetraedrische Konfiguration
D) cis-trans Isomere

Frage 4: −4 + (−3) =

A) −7
B) −1
C) 1
D) 7

Frage 5: Was entspricht 7%?

A) 0,007
B) 0,07
C) 0,7
D) 7

Frage 6: Ein Ester entsteht durch die Reaktion von

A) einem Amin und einem Alkohol
B) zwei verschiedenen Alkoholen
C) einem Alkohol und einer Säure
D) einer Säure und einer Base

Frage 7: Das massereichste subatomare Teilchen ist der/die/das

A) Proton
B) Neutron
C) Alpha-Teilchen
D) Beta-Teilchen

Frage 8: Beim Menschen findet die Befruchtung normalerweise statt im

A) Eierstock
B) Eileiter
C) Gebärmutter
D) Plazenta

Frage 9: Was ist korrekt hinsichtlich des Calciumatoms?

A) Es enthält 20 Protonen und Neutronen
B) Es enthält 20 Protonen und 20 Elektronen
C) Es enthält 20 Protonen, Neutronen und Elektronen
D) Alle Atome des Calciums haben eine Masse von 40,078 u

Frage 10: Welches der folgenden ist ein radioaktives Element?

A) Na
B) Cr
C) Am
D) Al

Frage 11: Welche Verhältnisse sind gleich 4 : 32?

A) 2 : 96; 2 : 16
B) 12 : 96; 2 : 16
C) 12 : 96; 12 : 16
D) 2 : 96; 12 : 16

Frage 12: Welche Aussage zur genetischen Variation ist wahr?

A) Sie wird durch die direkte Wirkung der natürlichen Selektion erzeugt.
B) Sie entsteht als Reaktion auf Umweltveränderungen.
C) Sie muss in einer Population vorhanden sein, bevor die natürliche Selektion auf die Population einwirken kann.
D) Sie wird durch die Prozesse reduziert, die bei der Produktion von Gameten bei diploiden Organismen beteiligt sind.

Frage 13: Charles Darwin war der erste, der vorgeschlagen hat, dass

A) Evolution stattfindet.
B) ein Mechanismus existiert, wie Evolution stattfindet.
C) die Erde älter ist als ein paar tausend Jahre.
D) ein Mechanismus der Evolution existiert, der durch Beweise gestützt wird.

Frage 14: Welche der folgenden Aussagen über die Meiose ist NICHT wahr?

A) Meiose produziert zwei haploide Gameten.
B) Homologe Chromosomen verbinden sich während der Synapsis.
C) Schwesterchromatiden trennen sich während der Meiose I.
D) Crossing-over erhöht die genetische Variation in den Gameten.

Frage 15: Welche der folgenden Aussagen über Lipide ist KORREKT?

A) Ungesättigte Fettsäuren sind mit Herzkrankheiten verbunden.
B) Lipide machen die meisten Zelloberflächenrezeptoren aus.
C) Phospholipide sind wasserlöslich.
D) Steroide sind Lipide, die aus Glycerin und Fettsäuren bestehen.

Frage 16: Alle Viren enthalten mindestens diese zwei Hauptkomponenten:

A) DNA und Proteine
B) Nukleinsäure und ein Kapsid
C) DNA und Zellmembran
D) RNA und Zellwand

Frage 17: Welche der folgenden Ausdrücke ist NICHT gleich einem Tesla?

A) 1 J/(Am^2)
B) 1 kg/(Cs)
C) 1 N/(Am)
D) 1 AN/V

Frage 18: Welche der folgenden Aussagen über gleichförmige Kreisbewegungen ist wahr?

A) Die Zentrifugalkraft ist das Aktions-Reaktions-Paar der Zentripetalkraft.
B) Die Zentripetalbeschleunigung und die Geschwindigkeit zeigen in die gleiche Richtung.
C) Die Geschwindigkeit des Objekts in Bewegung ändert sich, während die Beschleunigung des Objekts konstant ist.
D) Ein Satellit, der sich in gleichförmiger Kreisbewegung befindet, fällt in einer Kreisbahn zum Zentrum.

Frage 19: Welche der folgenden ist die richtige Eigenschaft von Arterien?

A) Sie sind dünnwandige Blutgefäße.
B) Sie enthalten Klappen, die einen Rückfluss verhindern.
C) Sie transportieren immer sauerstoffreiches Blut.
D) Sie transportieren Blut vom Herzen weg.

Frage 20: Das ideale Gasgesetz ist für die meisten Gase erfolgreich, weil

A) Raumtemperatur hoch ist
B) Volumen klein ist
C) Gasteilchen nicht signifikant interagieren
D) Gase Dimere sind

Frage 21: Die Entwicklung eines Eies ohne Befruchtung wird bezeichnet als

A) Meiose
B) Parthenogenese
C) Embryogenese
D) vegetative Vermehrung

Frage 22: Die darwinistische Fitness eines Individuums wird am direktesten gemessen durch

A) die Anzahl seiner Nachkommen, die sich fortpflanzen.
B) die Anzahl der „guten Gene", die es besitzt.
C) die Anzahl der Partner, die es anzieht.
D) seine körperliche Stärke.

Frage 23: Welche der folgenden Eigenschaften haben sowohl Bakterien als auch Pilze?

A) Zellwand, DNA und Plasmamembran
B) Zellkern, Organellen und Einzelligkeit
C) Plasmamembran, Mehrzelligkeit und Golgi-Apparat
D) Zellwand, Einzelligkeit und Mitochondrien

Frage 24: Welche Aspekte der Zellstruktur zeigen am besten die Einheit allen Lebens?

A) Alle Zellen sind von einer Plasmamembran umgeben.
B) Alle Zellen haben mindestens einen Zellkern.
C) Alle Zellen führen die Zellatmung in den Mitochondrien durch.
D) Das Oberflächen-Volumen-Verhältnis aller Zellen ist gleich.

Frage 25: Eine Reaktion, die Energie als eines ihrer Reaktanten enthält, wird bezeichnet als

A) exergonische Reaktion.
B) Hydrolysereaktion.
C) endergonische Reaktion.
D) Redoxreaktion.

Frage 26: Finde den Median des Datensatzes 13, 35, 26, 8, 24, 10, 22, 10, 32.

A) 23
B) 20
C) 22
D) 27

Frage 27: Ein Programm wird in einer Programmiersprache ausgedrückt. Welche der folgenden Aussagen ist wahr?

A) Das Programm kann auch als Binärcode ausgedrückt werden, wird jedoch von Menschen leichter verstanden, wenn es in einer höheren Programmiersprache ausgedrückt wird.
B) Das Programm kann auch als Binärcode ausgedrückt werden, wo durch die Wahrscheinlichkeit von Fehlern reduziert wird.
C) Das Programm kann nicht als Binärcode ausgedrückt werden, da Binärcode nur zur Darstellung von Daten verwendet werden kann.
D) Einige Teile des Programms können als Binärcode ausgedrückt werden, aber Operationen müssen in einer höheren Programmiersprache ausgedrückt werden.

Frage 28: Was ist die beste Erklärung dafür, dass Thunfische, Haie und Delfine alle ein ähnliches stromlinienförmiges Aussehen haben?

A) Sie alle teilen einen jüngsten gemeinsamen Vorfahren.
B) Sie alle haben denselben Satz von Mutationen erlitten.
C) Sie erwerben eine stromlinienförmige Körperform, um in ihrer jeweiligen Umgebung zu überleben.
D) Der stromlinienförmige Körper hat einen Selektionsvorteil in dieser Umgebung.

Frage 29: Die Entfernung von Chicago nach New York City beträgt 794 Meilen. Was ist 794 auf die nächste Hunderter gerundet?

A) 700
B) 794
C) 800
D) 894

Frage 30: Keine zwei Menschen sind genetisch identisch, außer eineiige Zwillinge. Was ist die Hauptursache für genetische Variation unter menschlichen Individuen?

A) Neue Mutationen, die in der vorhergehenden Generation auftraten.
B) Die Neumischung von Allelen bei der sexuellen Fortpflanzung.
C) Genetischer Drift aufgrund der geringen Größe der Population.
D) Geografische Variation innerhalb der Population.

Frage 31: Wenn zwei nicht-null Vektoren addiert werden und der resultierende Vektor null ist, was muss über die beiden Vektoren wahr sein?

A) Sie haben den gleichen Betrag und zeigen in die gleiche Richtung.
B) Sie haben den gleichen Betrag und zeigen in entgegengesetzte Richtungen.
C) Sie haben unterschiedliche Beträge und zeigen in entgegengesetzte Richtungen.
D) Es ist nicht möglich, dass die Summe von zwei nicht-null Vektoren null ist.

Frage 32: Ein Stein wird mit einer Anfangsgeschwindigkeit von 5 m/s senkrecht nach oben geworfen. Was ist die Geschwindigkeit des Steins nach 3 Sekunden?

A) 25 m/s, aufwärts
B) 25 m/s, abwärts
C) 35 m/s, aufwärts
D) 35 m/s, abwärts

Frage 33: Eine Kiste sitzt auf einer geneigten Ebene, ohne zu rutschen. Wenn der Winkel der Ebene (gemessen von der Horizontalen) zunimmt,

A) nimmt die Normalkraft linear zu
B) nimmt die Normalkraft linear ab
C) ändert sich die Normalkraft nicht
D) nimmt die Normalkraft nicht linear ab

Frage 34: Ein Stein fällt von einer Klippe und trifft den Boden mit einer Aufprallgeschwindigkeit von 30 m/s. Wie hoch war die Klippe?

A) 20 m
B) 30 m
C) 45 m
D) 60 m

Frage 35: Ein Aufzug fährt nach oben. Um die Spannung in den Seilen zu bestimmen, die ihn ziehen, welche Werte (für den Aufzug) müssten Sie wissen?

A) Masse, Geschwindigkeit, Höhe und Beschleunigung
B) Masse, Geschwindigkeit und Beschleunigung
C) Masse und Geschwindigkeit
D) Masse und Beschleunigung

Frage 36: Ein Mann steht auf einer Plattformwaage in einem Aufzug. Der Aufzug bewegt sich nach oben und beschleunigt. Was ist das Aktions-Reaktions-Kraftpaar zum Gewicht des Mannes?

A) Die Kraft des Aufzugskabels auf den Mann
B) Die Kraft des Mannes auf die Waage
C) Die Kraft des Aufzugskabels auf den Aufzug
D) Die Kraft des Mannes auf die Erde

Frage 37: Welche der folgenden Aussagen erklärt am besten, warum Mendels Prinzip der Segregation als Gesetz angesehen wurde?

A) Mendels Arbeit mit Erbsenpflanzen und seine Schlussfolgerungen wurden in vielen Quellen beschrieben.
B) Die Muster der Merkmalsvererbung, die bei Erbsenpflanzen beobachtet wurden, wurden wiederholt in anderen Eukaryoten demonstriert.
C) Es wurde festgestellt, dass Chromosomen die genetische Information für Merkmale enthalten.
D) Die Entdeckung der Struktur der DNA unterstützte Mendels Beobachtungen und Gesetze.

Frage 38: Was passiert mit der Gravitationskraft zwischen zwei kleinen Objekten, wenn die Masse jedes Objekts verdoppelt und der Abstand zwischen ihren Zentren verdoppelt wird?

A) Sie wird verdoppelt.
B) Sie wird vervierfacht.
C) Sie wird halbiert.
D) Sie bleibt gleich.

Frage 39: Ein Auto startet aus dem Stillstand und beschleunigt gleichmäßig auf eine Endgeschwindigkeit von 20,0 m/s in einer Zeit von 15,0 s. Wie weit fährt das Auto in dieser Zeit?

A) 150 m
B) 300 m
C) 450 m
D) 600 m

Frage 40: Ein Alarm mit einer Frequenz von 400 Hz wird aus einem Fenster im dritten Stock fallen gelassen. Der Schüler, der ihn fallen lässt, misst die Frequenz mit einem sehr empfindlichen Oszilloskop. Die gemessene Frequenz

A) erscheint höher als 400 Hz und die Frequenz nimmt ab, während sie fällt
B) erscheint höher als 400 Hz und die Frequenz nimmt zu, während sie fällt
C) erscheint niedriger als 400 Hz und die Frequenz nimmt ab, während sie fällt
D) erscheint niedriger als 400 Hz und die Frequenz nimmt zu, während sie fällt

Frage 41: Wenn die Gravitationskraft zwischen dem Mond und der Erde aufhören würde, welche Aussage beschreibt am besten die resultierende Bewegung des Mondes?

A) Er würde sich weiterhin um seine Achse drehen und wie gewohnt um die Erde kreisen.
B) Er würde sich weiterhin um seine Achse drehen, aber aufhören, um die Erde zu kreisen.
C) Er würde aufhören, sich um seine Achse zu drehen, aber wie gewohnt um die Erde kreisen.
D) Er würde aufhören, sich um seine Achse zu drehen, und aufhören, um die Erde zu kreisen.

Frage 42: Kraft ist gleich Masse mal

A) Geschwindigkeit
B) Distanz
C) Beschleunigung
D) Gewicht

Frage 43: Was misst ein pH-Wert?

A) Säuregehalt
B) Dichte
C) Wellenlänge
D) Luftfeuchtigkeit

Frage 44: Welches Element enthalten organische Verbindungen?

A) Kohlenstoff
B) Sauerstoff
C) Wasserstoff
D) Stickstoff

Frage 45: Welches Organell ist hauptsächlich für die Photosynthese verantwortlich?

A) Zellkern
B) Chloroplast
C) Mitochondrien
D) Golgi-Apparat

Frage 46: Welcher Zwergplanet ist der Sonne am nächsten?

A) Pluto
B) Eris
C) Ceres
D) Makemake

Frage 47: Wie drückt man 3/4 als Dezimalzahl aus?

A) 0,25
B) 0,5
C) 0,75
D) 0,9

Frage 48: Wie viele Chromosomenpaare hat das Genom eines typischen Menschen?

A) 1
B) 23
C) 88
D) 7921

Frage 49: Wie lautet der Name des Newtonschen Gesetzes, das besagt ‚Ein Objekt in Bewegung neigt dazu, in Bewegung zu bleiben'?

A) Trägheitsgesetz
B) Gesetz der Thermodynamik
C) Relativitätsgesetz
D) Gravitationsgesetz

Frage 50: Wie viele Mol HCl müssen zu ausreichend Wasser hinzugefügt werden, um 3 Liter einer 2 M HCl-Lösung zu bilden?

A) 1 mol
B) 2 mol
C) 3 mol
D) 6 mol

Auswertung der dritten Fragenkategorie

Nun folgt die Auswertung der dritten Fragenkategorie! Trage ein Häkchen (√) bei jeder korrekt beantworteten Frage und ein Kreuz (×) bei jeder falsch beantworteten Frage in die Ergebnisspalte ein. Zähle danach die Anzahl der richtigen Antworten sowie die Gesamtzahl der gestellten Fragen. Diese Werte kannst du in die entsprechende Tabelle im Gesamtauswertungskapitel (Seite 83) eintragen.

Nr.	Frage (Kurz)	Lösung	Ergebnis
1	Photosynthese erfordert	B) Licht, CO2, Wasser	
2	Falsche Aussage	C) −5 > −3	
3	Einfachstes Alken	B) mindestens vier Sigma-Bindungen	
4	−4 + (−3)	A) −7	
5	7% entspricht	B) 0,07	
6	Ester Reaktion	C) einem Alkohol und einer Säure	
7	Massereichstes subatomares Teilchen	C) Alpha-Teilchen	
8	Menschliche Befruchtung	B) Eileiter	
9	Calciumatom	B) Es enthält 20 Protonen und 20 Elektronen	
10	Radioaktives Element	C) Am	
11	Verhältnisse 4 : 32	B) 12 : 96; 2 : 16	
12	Genetische Variation	C) Sie muss in einer Population vorhanden sein, bevor die natürliche Selektion auf die Population einwirken kann.	

13	Darwin vorgeschlagen	D) ein Mechanismus der Evolution existiert, der durch Beweise gestützt wird.	
14	Meiose nicht wahr	C) Schwesterchromatiden trennen sich während der Meiose I.	
15	Lipide korrekt	C) Phospholipide sind wasserlöslich.	
16	Hauptkomponenten Viren	B) Nukleinsäure und ein Kapsid	
17	Nicht gleich ein Tesla	D) 1 AN/V	
18	Gleichförmige Kreisbewegung	D) Ein Satellit, der sich in gleichförmiger Kreisbewegung befindet, fällt in einer Kreisbahn zum Zentrum.	
19	Eigenschaft Arterien	D) Sie transportieren Blut vom Herzen weg.	
20	Ideales Gasgesetz	C) Gasteilchen nicht signifikant interagieren	
21	Entwicklung ohne Befruchtung	B) Parthenogenese	
22	Darwinistische Fitness	A) die Anzahl seiner Nachkommen, die sich fortpflanzen.	

23	Bakterien und Pilze Eigenschaften	A) Zellwand, DNA und Plasmamembran	
24	Einheit des Lebens	A) Alle Zellen sind von einer Plasmamembran umgeben.	
25	Energie Reaktion	C) endergonische Reaktion.	
26	Median	C) 22	
27	Programm wahr	A) Das Programm kann auch als Binärcode ausgedrückt werden, wird jedoch von Menschen leichter verstanden, wenn es in einer höheren Programmiersprache ausgedrückt wird.	
28	Stromlinienförmiges Aussehen	D) Der stromlinienförmige Körper hat einen Selektionsvorteil in dieser Umgebung.	
29	Entfernung 794 Meilen	C) 800	
30	Ursache genetische Variation	B) Die Neumischung von Allelen bei der sexuellen Fortpflanzung.	

31	Summe nicht-null Vektoren	B) Sie haben den gleichen Betrag und zeigen in entgegengesetzte Richtungen.	
32	Geschwindigkeit Stein nach 3 Sekunden	B) 25 m/s, abwärts	
33	Geneigte Ebene Normalkraft	D) nimmt die Normalkraft nicht linear ab	
34	Höhe Klippe	C) 45 m	
35	Spannung in Aufzugseilen	D) Masse und Beschleunigung	
36	Aktion-Reaktion Kraftpaar	D) Die Kraft des Mannes auf die Erde	
37	Mendels Prinzip	B) Die Muster der Merkmalsvererbung, die bei Erbsenpflanzen beobachtet wurden, wurden wiederholt in anderen Eukaryoten demonstriert.	
38	Gravitationskraft Verdoppelung	D) Sie bleibt gleich.	
39	Auto Beschleunigung	A) 150 m	
40	Frequenz fallender Alarm	C) erscheint niedriger als 400 Hz und die Frequenz nimmt ab, während sie fällt	

41	Bewegung des Mondes	B) Er würde sich weiterhin um seine Achse drehen, aber aufhören, um die Erde zu kreisen.	
42	Kraft Formel	C) Beschleunigung	
43	pH-Wert misst	A) Säuregehalt	
44	Organisches Element	A) Kohlenstoff	
45	Photosynthese Organell	B) Chloroplast	
46	Nächster Zwergplanet zur Sonne	C) Ceres	
47	3/4 als Dezimal	C) 0,75	
48	Chromosomenpaare im Menschengenom	B) 23	
49	Newtonsches Gesetz Bewegung	A) Trägheitsgesetz	
50	Mol HCl für 2 M	D) 6 mol	

GESAMTAUSWERTUNG

Herzlichen Glückwunsch!

Du hast das große KI-Quizduell abgeschlossen. Nun ist es an der Zeit, deine Ergebnisse auszuwerten und zu sehen, wie du im Vergleich zu anderen Menschen und der Künstlichen Intelligenz abgeschnitten hast.

Schritt 1: Ergebnisse ermitteln

Ermittle zunächst dein Ergebnis der drei Kategorien:

Allgemeine Fragen
Kultur, Geschichte, Geisteswissenschaften
Naturwissenschaften und Mathematik

Bestimme die Anzahl der Fragen, die du in jeder Kategorie richtig beantwortet hast. Zähle anschließend die Gesamtzahl der von dir Beantworteten Fragen. Du kannst die entsprechenden Werte in die nachfolgende Tabelle eintragen und die Summe beider Werte bilden.

Fragenkategorie	Anzahl richtig beantworteter Fragen	Gesamtanzahl beantworteter Fragen
1		
2		
3		
Summe		

Die Summe der Anzahl richtig beantworteter Fragen sowie die Summe der Gesamtanzahl beantworteter benötigst du im nächsten Schritt.

Schritt 2: Score berechnen

Um deinen Score zu berechnen, teilst du die Anzahl deiner richtig beantworteten Fragen durch die Gesamtzahl der Fragen und multiplizierst das Ergebnis mit 100:

$$\text{Score} = \frac{\text{Anzahl richtig beantworteter Fragen}}{\text{Gesamtanzahl beantworteter Fragen}} * 100\%$$

Dieser Wert gibt dir eine Auskunft darüber, welchen Anteil der Fragen du insgesamt korrekt beantworten konntest.

Schritt 3: Vergleiche dich mit der Künstlichen Intelligenz

Jetzt wollen wir herausfinden, wie gut du im Vergleich zur KI bist! Natürlich haben wir für unseren Fragenkatalog einige Fragenbereiche bewusst ausgeschlossen, z. B. Expertenfragen aus dem Bereich Medizin. Unser Test stellt somit nur einen kleinen Teil des Originaltests dar und ist etwas „einfacher". Trotzdem kannst du dein Ergebnis mit dem der KI vergleichen:

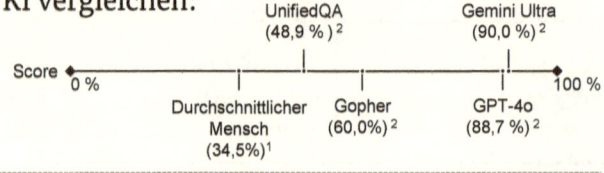

[1] Quelle: https://arxiv.org/pdf/2009.03300v3
[2] Quelle: https://paperswithcode.com/dataset/mmlu

Und, wie gut hast du abgeschnitten? Wir hoffen, dass du genauso viel Freude an diesem Quizduell hattest wie wir bei der Erstellung. Möge dieses Buch nicht nur als Herausforderung für dein Wissen dienen, sondern auch als Inspiration, die rasanten Fortschritte im Bereich der Künstlichen Intelligenz weiter zu verfolgen und zu erforschen.

Vielen Dank fürs Mitmachen und bis zum nächsten Mal!

Anhang

MMLU – Ein Massstab für Sprachmodelle

In diesem Kapitel erläutern wir die Grundlagen des Massive Multitask Language Understanding (MMLU), einem umfassenden Test zur Bewertung der Leistungsfähigkeit von Sprachmodellen in einer Vielzahl von Aufgabenbereichen. MMLU dient als Maßstab, um die Fähigkeiten moderner Sprachmodelle zu beurteilen und ihre Stärken und Schwächen aufzudecken.

Einführung in MMLU

Der MMLU-Test ist darauf ausgelegt, die Genauigkeit von Textmodellen zu messen. Dabei werden 57 verschiedene Aufgabenbereiche abgedeckt, die von Grundschulmathematik über Geschichte bis hin zu Recht und Medizin reichen. Ziel ist es, sowohl das Weltwissen als auch die Problemlösungsfähigkeiten der Modelle umfassend zu bewerten.

Aufbau und Struktur des Tests

Die Aufgaben des MMLU-Tests sind in verschiedene Kategorien unterteilt:
Grundlagenfächer: Dazu gehören grundlegende Mathematik, Naturwissenschaften und Geisteswissenschaften.
Spezialisierte Fächer: Hierzu zählen fortgeschrittene Themen wie Informatik, Wirtschaft und Recht.
Berufsspezifische Aufgaben: Diese Kategorie umfasst Aufgaben aus professionellen Bereichen wie Medizin und Jura.
Der Test deckt ein breites Spektrum an Schwierigkeitsgraden ab, von einfachen bis hin zu sehr komplexen Aufgaben. Dies ermöglicht eine detaillierte Analyse der Fähigkeiten eines Sprachmodells in verschiedenen Wissensdomänen.

Durchführung und Bewertung

Um die Leistung eines Modells im MMLU-Test zu bewerten, werden die Modelle ohne vorheriges Training auf den spezifischen Aufgaben getestet. Dies spiegelt ein „Zero-Shot"- oder „Few-Shot"-Lernszenario wider, ähnlich dem, wie Menschen neues Wissen anwenden würden. Die Genauigkeit der Modelle wird auf Basis der korrekt beantworteten Fragen gemessen.

Ergebnisse und Erkenntnisse

Moderne Sprachmodelle wie Gemini Ultra von Google zeigen eine beeindruckende Leistung in vielen Aufgabenbereichen. Beispielsweise erreicht das GPT-3-Modell eine durchschnittliche Genauigkeit von etwa 43,9 %, Gemini Ultra sogar 90 %.

Stärken und Schwächen der Modelle

Die Analyse der MMLU-Ergebnisse zeigt, dass Sprachmodelle in verbalen Aufgaben tendenziell besser abschneiden als in berechnungsintensiven naturwissenschaftlichen Aufgaben. Ein weiterer kritischer Punkt ist die Kalibrierung der Modelle: Oftmals können die Modelle nicht zuverlässig einschätzen, wann ihre Antworten falsch sind, was die Vertrauenswürdigkeit ihrer Vorhersagen beeinträchtigt.

Bedeutung für die zukünftige Forschung

Die umfassende Bewertung durch MMLU hilft dabei, gezielte Verbesserungen in der Entwicklung von Sprachmodellen zu identifizieren. Forscher können Schwachstellen aufdecken und daran arbeiten, die Genauigkeit und Kalibrierung der Modelle zu verbessern. Dies ist besonders wichtig für Anwendungen in sozial relevanten Bereichen wie Recht und Ethik.

Durch die Nutzung des MMLU-Tests können wir ein besseres Verständnis für die aktuellen Fähigkeiten und Grenzen von Sprachmodellen gewinnen und gleichzeitig die Richtung für zukünftige Entwicklungen vorgeben. Dies wird dazu beitragen, dass Sprachmodelle noch leistungsfähiger und vielseitiger werden, um den Anforderungen der realen Welt gerecht zu werden.

Lizenzen und Urheberrecht

Die Fragen, die du beantwortet hast, stammen aus dem MMLU-Datensatz, der von Hugging Face zur Verfügung gestellt wird. Dieser Datensatz ist ein hervorragendes Werkzeug, um die Sprachverständnisfähigkeiten moderner KIs zu messen und wurde für dieses Buch ins Deutsche übersetzt. Du kannst den Datensatz und viele weitere spannende Projekte auf der Hugging Face Plattform unter folgendem Link finden:
https://huggingface.co/datasets/cais/mmlu
Der Datensatz ist unter der MIT Lizenz lizensiert:

MIT License

Copyright (c) 2024,
Tim Kämpfer, Johannes Lindmüller, Dierk Fricke
Permission is hereby granted, free of charge, to any person obtaining a copy of this software and associated documentation files (the "Software"), to deal in the Software without restriction, including without limitation the rights to use, copy, modify, merge, publish, distribute, sublicense, and/or sell copies of the Software, and to permit persons to whom the Software is furnished to do so, subject to the following conditions:

The above copyright notice and this permission notice shall be included in all copies or substantial portions of the Software.

THE SOFTWARE IS PROVIDED "AS IS", WITHOUT WARRANTY OF ANY KIND, EXPRESS OR IMPLIED, INCLUDING BUT NOT LIMITED TO THE WARRANTIES OF MERCHANTABILITY, FITNESS FOR A PARTICULAR PURPOSE AND NONINFRINGEMENT. IN NO EVENT SHALL THE AUTHORS OR COPYRIGHT HOLDERS BE LIABLE FOR ANY CLAIM, DAMAGES OR OTHER LIABILITY, WHETHER IN AN ACTION OF CONTRACT, TORT OR OTHERWISE, ARISING FROM, OUT OF OR IN CONNECTION WITH THE SOFTWARE OR THE USE OR OTHER DEALINGS IN THE SOFTWARE.

LÖSUNGSBLÄTTER

Hier findest du detaillierte Anweisungen, wie du die Lösungsblätter sicher aus dem Buch heraustrennen kannst. Diese Seiten sind dafür gedacht, dir bei der Auswertung deiner Antworten zu helfen, indem du deine Lösungen direkt darauf eintragen kannst. So sparst du Zeit beim Blättern und behältst den Überblick während des gesamten Quizduells gegen die Künstliche Intelligenz.

Um die Seiten sicher herauszutrennen, brauchst du eine scharfe Schere und einen stabilen Arbeitsplatz mit ausreichend Platz. Optional kannst du Klebeband, ein Buchgewicht und Schutzhandschuhe verwenden. Sorge dafür, dass deine Arbeitsfläche sauber, stabil und gut beleuchtet ist, und entferne unnötige Gegenstände, damit du genug Platz hast. Setz dich bequem hin, sodass du das Buch sicher halten kannst.

Leg das Buch flach auf den Tisch und stabilisiere es, falls nötig, mit einem Buchgewicht oder einem anderen schweren Gegenstand.

Zieh Schutzhandschuhe an, um deine Hände vor möglichen Schnitten zu schützen. Halt die Schere sicher und fest, mit den Schneidklingen nach unten gerichtet, wenn du sie nicht benutzt.

Öffne das Buch und leg es so hin, dass die zu trennende Seite gut sichtbar und zugänglich ist. Die gestrichelte Linie an der Bindungsseite zeigt dir genau, wo die Seite herausgetrennt werden kann. Setz die Schere an der gestrichelten Linie an und führ sie genau entlang dieser Linie, um ein sauberes Ergebnis zu erzielen. Schneide langsam und gleichmäßig entlang der gestrichelten Linie, damit die Seite sauber herausgetrennt wird und der Rest des Buches unbeschädigt bleibt. Falls Reste entlang der Bindung überstehen, schneide diese vorsichtig ab. Wiederhole den Vorgang für jede weitere Seite, die du heraustrennen möchtest.

Mit diesen vorbereiteten Lösungsblättern bist du bestens ausgerüstet, um deine Antworten effektiv und präzise auszuwerten.

Viel Erfolg!

Lösungsblatt
Fragenkategorie 1

Frage	Lösung	Frage	Lösung
Frage 1		Frage 16	
Frage 2		Frage 17	
Frage 3		Frage 18	
Frage 4		Frage 19	
Frage 5		Frage 20	
Frage 6		Frage 21	
Frage 7		Frage 22	
Frage 8		Frage 23	
Frage 9		Frage 24	
Frage 10		Frage 25	
Frage 11		Frage 26	
Frage 12		Frage 27	
Frage 13		Frage 28	
Frage 14		Frage 29	
Frage 15		Frage 30	

Frage 31		Frage 51	
Frage 32		Frage 52	
Frage 33		Frage 53	
Frage 34		Frage 54	
Frage 35		Frage 55	
Frage 36		Frage 56	
Frage 37		Frage 57	
Frage 38		Frage 58	
Frage 39		Frage 59	
Frage 40		Frage 60	
Frage 41		Frage 61	
Frage 42		Frage 62	
Frage 43		Frage 63	
Frage 44		Frage 64	
Frage 45		Frage 65	
Frage 46		Frage 66	
Frage 47		Frage 67	
Frage 48		Frage 68	
Frage 49		Frage 69	
Frage 50		Frage 70	

Frage 71		Frage 86	
Frage 72		Frage 87	
Frage 73		Frage 88	
Frage 74		Frage 89	
Frage 75		Frage 90	
Frage 76		Frage 91	
Frage 77		Frage 92	
Frage 78		Frage 93	
Frage 79		Frage 94	
Frage 80		Frage 95	
Frage 81		Frage 96	
Frage 82		Frage 97	
Frage 83		Frage 98	
Frage 84		Frage 99	
Frage 85		Frage 100	

Lösungsblatt
Fragenkategorie 2

Frage	Lösung	Frage	Lösung
Frage 1		Frage 16	
Frage 2		Frage 17	
Frage 3		Frage 18	
Frage 4		Frage 19	
Frage 5		Frage 20	
Frage 6		Frage 21	
Frage 7		Frage 22	
Frage 8		Frage 23	
Frage 9		Frage 24	
Frage 10		Frage 25	
Frage 11		Frage 26	
Frage 12		Frage 27	
Frage 13		Frage 28	
Frage 14		Frage 29	
Frage 15		Frage 30	

Frage 31		Frage 41	
Frage 32		Frage 42	
Frage 33		Frage 43	
Frage 34		Frage 44	
Frage 35		Frage 45	
Frage 36		Frage 46	
Frage 37		Frage 47	
Frage 38		Frage 48	
Frage 39		Frage 49	
Frage 40		Frage 50	

Lösungsblatt
Fragenkategorie 3

Frage	Lösung	Frage	Lösung
Frage 1		Frage 16	
Frage 2		Frage 17	
Frage 3		Frage 18	
Frage 4		Frage 19	
Frage 5		Frage 20	
Frage 6		Frage 21	
Frage 7		Frage 22	
Frage 8		Frage 23	
Frage 9		Frage 24	
Frage 10		Frage 25	
Frage 11		Frage 26	
Frage 12		Frage 27	
Frage 13		Frage 28	
Frage 14		Frage 29	
Frage 15		Frage 30	

Frage 31		Frage 41	
Frage 32		Frage 42	
Frage 33		Frage 43	
Frage 34		Frage 44	
Frage 35		Frage 45	
Frage 36		Frage 46	
Frage 37		Frage 47	
Frage 38		Frage 48	
Frage 39		Frage 49	
Frage 40		Frage 50	

www.ingramcontent.com/pod-product-compliance
Lightning Source LLC
Chambersburg PA
CBHW031442210526
45464CB00005B/2303